Hallo, ich bin Anoki.
Für jede Seite, die du fertig ha
malst du einen Apfel aus.

2 3 4/5 6 7

8 9 10 11 12/13

14/15 16 17 18 19 20 21 22 23 24/25

26 27 28/29 30 31 32 33 34/35

36/37 38/39 40 41 42 43 44/45 46/47

48/49 50/51 52 53 54 55 56

- Welcher Buchstabe passt nicht?
  Lies genau und schreibe das Wort richtig auf.

Auf dem Bauernhaf gibt es viel zu sehen.

Bauer Müller fittert die kleinen Ferkel.

Fünf Pfarde warten im Stall auf den nächsten Ausritt.

Im Hof rennen zwei Tatzen den Hühnern hinterher.

Die Kühe stuhen zufrieden auf der Weide.

Gestern hat der Hand vier Welpen bekommen.

Die Bäuerin gießt im Gemüsebarten Tomaten.

In der Scheume spielen drei Kinder im Stroh.

- Welches Wort passt nicht in die Reihe?
  Lies genau und streiche es durch.

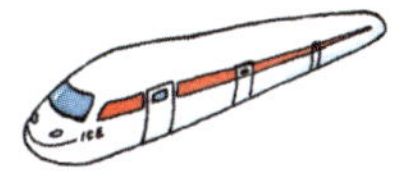

Zug	Bahn	Bus	Fähre	Leiter	Auto	
Schal	Mütze	Leine	Hose	Jacke	T-Shirt	
Apfel	Mango	Saft	Kiwi	Birne	Traube	Johannisbeere
Tasse	Gabel	Teller	Löffel	Brot	Glas	Messer
Ameise	Spinne	Marienkäfer	Biene	Heuschrecke	Pferd	
Afrika	Europa	Asien	Südamerika	Österreich		
Backofen	Herd	Bett	Mixer	Mikrowelle	Kühlschrank	
Fluss	Hallenbad	Meer	See	Bach	Teich	
Schreiner	Hammer	Säge	Bohrmaschine	Hobel		

Der Regenwurm

Der Regenwurm ist ein rotbrauner Ringelwurm. Er lebt im Boden von Wäldern, Wiesen, Äckern und Gärten. Er ist neun bis 15 Zentimeter lang und bis zu einem Zentimeter dick.
Seine Umgebung muss feucht sein, weil er über seine Haut atmet.
Die Hautoberfläche wird von einer Schleimschicht bedeckt.
Trocknet die Haut aus, stirbt der Regenwurm.
Seine vielen Gänge bewässern und durchlüften den Boden.
Er frisst verrottende Blätter und zieht sie in seine Gänge.
So wird der Boden durchmischt und gelockert.
Bei Regen füllen sich die Gänge mit Wasser, bei Trockenheit mit Luft.
Sein Kot ist ein guter Dünger.
Deshalb ist der Regenwurm ein Bodenverbesserer.
Hast du viele Regenwürmer in deinem Gartenboden, ist das ein gutes Zeichen für einen fruchtbaren Boden.

■ Lies den Text und beantworte die Fragen.

Wo lebt der Regenwurm?

Warum kann ein Regenwurm im trockenen Klassenzimmer nicht überleben?

Wie verbessert der Regenwurm den Boden?

Woran kannst du fruchtbaren Boden erkennen?

■ Ergänze die Tabelle. Achte bei den Verben auf die Endung.
Markiere Wortstamm und Endung in unterschiedlichen Farben.

	treffen	**lassen**	**haben**
ich	treffe		
du			
er/sie/es			
wir			
ihr			
sie			

- Setze die Verben in der richtigen Personalform ein.

Mesut und Sara ________________ (treffen) sich nach der Schule.

Ihre Freundin Anna ________________ (haben) heute Geburtstag.

Sie ________________ (sein) aufgeregt.

Saras Mutter ________________ (fragen): „Sara, ________________ (haben) du dein Geschenk dabei?“

Schnell ________________ (rufen) Mesut: „Ja, beide Geschenke liegen im Fahrradkorb!“

Sara ________________ (fahren) schon los.

Sie ________________ (wollen) nicht der letzte Gast sein.

Anna ________________ (begrüßen) ihre Gäste:

„Ich ________________ (haben) eine Überraschung für euch!

Zuerst ________________ (essen) ihr einen Kuchen und dann ________________ (machen) wir eine Zoo-Rallye!“

■ Bilde Adjektive und markiere die Nachsilbe.

*Ob ein Adjektiv mit **-ig** oder **-lich** gebildet wird, kannst du hören, wenn du es verlängerst: fröhl**ich** – fröhli**che**, gezi**g** – geizi**ge***

der Dreck		der Ekel	
die Ehre		die Farbe	
der Bart		die Last	
die Angst		die Macht	
die Ruhe		der Frieden	
der Tag		das Gewitter	

■ Ergänze die Tabelle.

Grundform	1. Vergleichsstufe (Höherform)	2. Vergleichsstufe (Höchstform)
leicht		
	größer	
	länger	
hoch		
gesund		
		am nächsten
scharf		
		am meisten
	besser	

Adjektive

- Bilde mit den Wörtern aus den beiden Kästen zusammengesetzte Nomen (Substantive). Schreibe sie mit Artikel (Begleiter) auf.

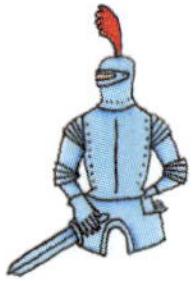

Ampel	Koffer	Holz	Ritter	Daumen	Telefon

Zaun	Licht	Nagel	Raum	Nummer	Rüstung

- Was fällt dir auf? Schreibe auf. Markiere in deinen Wörtern die Besonderheit.

- Unter welchen Wörtern musst du diese zusammengesetzten Nomen (Substantive) im Wörterbuch nachschlagen? Schreibe auf.

Schwimmbad	schwimmen, Bad	Glühbirne	
Fressnapf		Reithalle	
Hochhaus		Pferdesattel	
Maisfeld		Traubensaft	
Bohrmaschine		Boxkampf	
Wildschwein		Bildschirm	
Bienenhonig		Tiefgarage	
Blumenstrauß		Krankenhaus	

Test 1, S. 52

Lustige ABC-Sätze erfinden

Anoki sitzt gemütlich mit seinen Freunden Emil und Luna im Baumhaus.
Sie erzählen sich Quatschsätze mit ihren Lieblingsbuchstaben.

Bilde lustige ABC-Sätze. Ergänze weitere Wörter.

Erfinde weitere lustige ABC-Sätze.

Brieftauben finden immer nach Hause

Stell dir vor, du wirst im Wald ausgesetzt und musst nach Hause finden. Ohne Karte, ohne Handy oder sonstige Hilfe. Geht nicht? Brieftauben können das. Egal, von welchem Ort man sie fliegen lässt, sie finden immer wieder nach Hause. Bis heute weiß man nicht genau, wie Brieftauben dies schaffen. Forscherinnen und Forscher glauben, dass sich die Vögel an der Sonne orientieren. Die Sonne geht morgens im Osten auf und abends im Westen unter. Sicherlich nutzen die schlauen Tiere auch Berge, Flüsse oder lange Autobahnen zur Orientierung. Außerdem denken Forschende, dass Brieftauben eine Art natürliches Navigationsgerät haben. Sie spüren wohl die Magnetfelder der Erde. So sind sie wie ein Kompass, der weiß, wo Norden und Süden ist und sich danach ausrichtet. Wenn du also eine Münchener Brieftaube in Hamburg aussetzen würdest, muss sie sich nur kurz orientieren und fliegt dann schnurstracks zurück nach München.

- Die Brieftaube hat im Flug einige Wörter verloren.
  Suche sie im Text.
  Schreibe sie richtig auf und ergänze die Zeile.

dnHay
______
Zeile: ____

enausstze
______
Zeile: ____

nOtse
______
Zeile: ____

rgBee
______
Zeile: ____

tiereorienn
______
Zeile: ____

passKmo
______
Zeile: ____

felMagdernet
______
Zeile: ____

öVlge
______
Zeile: ____

üspren
______
Zeile: ____

■ b oder p? d oder t? g oder k?
Verlängere die Wörter und schreibe sie richtig auf.

Hef d/t rand	→	Hef t e	→	also:	Heftrand
Ber g/k steiger	→	Ber___e	→	also:	
Stran d/t liege	→	Strän___e	→	also:	
Schu b/p karre	→	Schü___e	→	also:	
Flu g/k zeug	→	Flü___e	→	also:	
Pfan d/t flasche	→	Pfän___er	→	also:	
Käfi g/k tür	→	Käfi___e	→	also:	
Gra b/p stein	→	Grä___er	→	also:	
Saf t/d glas	→	Säf___e	→	also:	
Bur g/k fräulein	→	Bur___en	→	also:	

■ b oder p? d oder t? g oder k? Setze richtig ein.

Abenteuer im Wal___

Gestern Nach___ wollten mein Freun___ Max und ich im Wal___ übernachten.

Nach dem Unterrich___ packten wir unseren Rucksack mit Apfelsaf___ und Käsebro___.

Dann holten wir unser Zel___ aus dem Keller. Gel___ brauchten wir nicht.

Die Schlafsäcke kamen in meinen Fahrra___kor___.

Wir fuhren bis zu einer Holzban___. Dort bauten wir unser Lager auf

und tarnten es mit Lau___. Am Aben___ kam plötzlich ein heftiger Win___.

Er wirbelte kräfti___ Stau___ auf und blies mit aller Kraf___ unser Zel___ weg.

Ein großer As___ fiel neben uns. Wir hatten riesige Angs___.

Schnell rannten wir an den Wal___ran___. Dort warteten schon unsere Eltern,

die uns erleichtert in die Arme schlossen.

Gemeinsam machten wir uns auf den Nachhausewe___.

■ Verlängere die Wörter und schreibe sie richtig auf.

Bla t/tt	→ Blä___er	→ also:	
Nu s/ss	→ Nü___e	→ also:	
Gla s/ss	→ Glä___er	→ also:	
sie sto p/pp t	→ sto___en	→ also:	
er spü l/ll t	→ spü___en	→ also:	
ihr mü s/ss t	→ mü___en	→ also:	
ne t/tt	→ ein ne___er Lehrer	→ also:	
schie f/ff	→ eine schie___e Linie	→ also:	
na s/ss	→ ein na___er Rasen	→ also:	
schri l/ll	→ eine schri___e Pfeife	→ also:	

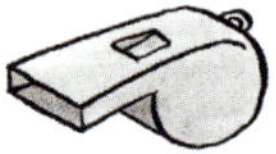

■ Verlängere die Wörter und schreibe sie richtig auf.

Scha z/tz	→ Schä___e	→ also:
Ro k/ck	→ Rö___e	→ also:
Schwan z/tz	→ Schwän___e	→ also:
Ban k/ck	→ Bän___e	→ also:
sie si z/tz t	→ si___en	→ also:
er schlu k/ck t	→ schlu___en	→ also:
sie zan k/ck t	→ zan___en	→ also:
er tan z/tz t	→ tan___en	→ also:
wi z/tz ig	→ ein wi___iger Film	→ also:
schlan k/ck	→ eine schlan___e Katze	→ also:
gan z/tz	→ eine gan___e Stunde	→ also:
di k/ck	→ ein di___er Hund	→ also:

Ergänze die Tabelle. Markiere den Wortstamm.

	Gegenwart (Präsens)	einfache Vergangenheit (Präteritum)	zusammengesetzte Vergangenheit (Perfekt)
sehen	ich sehe	ich sah	ich habe gesehen
fahren	ich		
wollen	ich		
treffen	ich		
essen	ich		
schieben	ich		
frieren	ich		

Setze die Verben in der einfachen oder zusammengesetzten Vergangenheit passend ein.

reisen | kommen | legen | suchen | wegspülen | verbringen

öffnen | bauen | fotografieren | laufen

Ein Nachmittag am Strand

Letzten Sommer ____________ ich mit meiner Familie nach Frankreich ____________.

Dort ____________ wir einen Tag am Strand ____________.

Mein Vater ____________ den Sonnenschirm und meine Schwester und ich ____________ unsere Strandtücher darunter.

Zuerst ____________ wir mit Papa am Strand entlang und ____________ schöne Muscheln.

Später ____________ wir eine riesige Sandburg mit acht Türmen ____________.

Mama ____________ die Burg als Erinnerung mit dem Handy ____________.

Dann ____________ eine riesige Welle und ____________ unsere Burg ____________.

Bilde mit den Nachsilben -ung, -heit, -keit, -nis, -tum und -schaft Nomen (Substantive). Schreibe sie mit dem Artikel auf.

erleben		ehrlich	
bekannt		erben	
erholen		geheim	
wahr		liefern	
peinlich		reich	
entdecken		wachsen	
ärgern		traurig	
dunkel		verwandt	

Wie viele Nomen (Substantive) kannst du bilden? Schreibe mit Artikel auf.

gemein	heizen	eigen	reich	geheim	gleich	neu	wild	schwach

-nis	-ung	-tum	-schaft	-heit

Test 2, S. 53 und Test 3, S. 54

Emils Geheimsprache

Anoki sitzt im Schulhof und langweilt sich. Da kommt sein Freund Emil vorbei. In der Hand hält er einen Papierflieger. „Na, Anoki, hast du für morgen schon Pläne? Falls nicht, schau dir das mal an!“
Emil grinst verschmitzt, lässt den Papierflieger fliegen und rennt davon.
Anoki ist ratlos. Was soll dieses Wirrwarr bedeuten?

- Was bedeuten die Zeichen?

☺: ____________ ☹: ____________ 😃: ____________

😌: ____________ 😑: ____________

- Schreibe Emils Nachricht auf.

■ Verbinde die passenden Satzteile.

Was du nicht willst, das man dir tu, ●	● kühlt seinen Po mit Scholleneis.
Marmor, Stein und Eisen bricht, ●	● wenn ich auch zu Fuß kann gehen.
Ein Pinguin, der es besser weiß, ●	● dann geht alles locker weiter.
Lebe froh und heiter, ●	● aber unsere Freundschaft nicht.
Nichts verschwenden, ●	● das füg auch keinem andern zu.
Warum in der S-Bahn stehen, ●	● wieder verwenden!

Wie heißen die Sprüche richtig? Kreuze an.

- ☐ Alles ist schwer, bevor es lahm ist.
- ☐ Alles ist schwer, bevor es leicht ist.
- ☐ Alles ist schwarz, bevor es leicht ist.

- ☐ Aus kleinen Dingen waschen große Dinge.
- ☐ Aus kleinen Dingen wachsen große Ringe.
- ☐ Aus kleinen Dingen wachsen große Dinge.

- ☐ Der kürzeste Weg zwischen zwei Menschen ist ein Lächeln.
- ☐ Der längste Weg zwischen zwei Menschen ist ein Lächeln.
- ☐ Der kürzeste Weg zwischen zwei Mäusen ist ein Lächeln.

- ☐ Glück ist das Ei, was sich verdoppelt, wenn man es teilt.
- ☐ Glück ist das Einzige, was sich verdoppelt, wenn man es trinkt.
- ☐ Glück ist das Einzige, was sich verdoppelt, wenn man es teilt.

Texte verstehen

Eine unverhoffte Helferin

Spinne Gustl hatte keine Freunde, weil sie mit ihren acht Beinen und vier Augen anders aussah als alle anderen Insektenkinder auf ihrem Hausbaum. Es machte sie immer sehr traurig, wenn sie die zwei Käferkinder Paul und Paula auf ihrem großen Baum wild herumklettern sah. Deshalb spann sie Tag für Tag einsam ihr großes Netz zwischen den Wurzeln und niemand außer ihr erfreute sich daran. Der Herbst kam und eines Tages wurde Paul vom obersten Ast des Baumes durch einen heftigen Windstoß heruntergefegt. Paula sah ihn noch durch die Luft wirbeln, doch dann war es ruhig. Paul war verschwunden. Schnell krabbelte Paula den hohen und rauen Stamm herunter und rief dabei immerzu Pauls Namen. Sie dachte schon, er hätte den Sturz nicht überlebt. Unten angekommen sah sie unter jedes noch so kleine Blatt. Doch Paul blieb verschwunden. Als Paulas Augen Richtung Wurzeln wanderten, erschrak sie. Paul saß im Spinnennetz! Was aus der Ferne wie eine Falle aussah, entpuppte sich jedoch als unverhoffte Rettung: Paul war direkt in Gustls Spinnennetz gefallen. Da saß er nun ganz friedlich neben Gustl und unterhielt sich mit ihr. Von diesem Tag an waren die drei Insektenkinder beste Freunde und spielten jeden Tag zusammen Kletterfangen auf den Ästen.

- Lies den Text und beantworte die Fragen.

Warum war die Spinne Gustl einsam?

Was passierte Paul?

Warum heißt die Geschichte „Eine unverhoffte Helferin“?

Texte verstehen

Setze die passenden Pronomen (Fürwörter) ein.

ich	du	er	sie	es	wir	ihr	sie

Lina hat ihr Pausenbrot daheim vergessen. ________ ist traurig und hat Hunger.

Achmed beobachtet ________. ________ geht zu Lina und sagt: „________ habe heute zwei Mandarinen dabei. Willst ________ eine Mandarine von mir?“

Zusammen gehen ________ auf den Pausenhof.

„________ suchen noch Mitspieler für unser Fußballspiel.

Seid ________ dabei?“, fragen Florian und Esra.

„________ beginnt in zwei Minuten. ________ treffen uns am Sportplatz“, ruft Esra.

„Spielst ________ mit mir in einer Mannschaft?“, fragt Achmed Lina.

________ lacht: „Na klar, und gemeinsam werden ________ das Spiel gewinnen!“

Pronomen

■ Ersetze die unterstrichenen Wörter durch passende Pronomen (Fürwörter).

Leo schenkt Lea ein Buch.	Leo schenkt ihr ein Buch.
Kathi und Alex springen Seil.	
Das Skateboard gehört Maximilian.	
Herr Koch ist neu an der Schule.	
Im Bücherregal steht Olegs Buch.	
Oma besucht Mama und mich.	
Liegt das Baby im Kinderwagen?	

Pronomen

■ In dem Text sind 6 Fehler. Markiere die Wörter und schreibe sie richtig auf.
Erkläre die richtige Schreibweise.

Liebe Semra,
gestern war ich in der zoohandlung.
Dort habe ich mir die Wüstenrennmeuse angeschaut.
Der Ferkäufer hat gesagt, dass man Mäuse nie allein halten soll.
meine Eltern schenken mir zum Geburttag zwei Mäuse.
Möchtest du morgen mit mir zwei schöne Tire aussuchen?
Deine Alena

- In dem Text sind 6 Fehler. Markiere die Wörter und schreibe sie richtig auf. Erkläre die richtige Schreibweise.

Eine Stewardess verteilt im Flukzeug Kaugummi.
Sie sakt: „Das ist gut für die Ohren."
Ein elterer Herr fragt nach einer Stunde:
„Könen Sie mir mal sagen,
wie man das zeug wieder
aus den Ohren herausbekomt?"

Zoo „Seestern“

Öffnungszeiten:

Montag bis Freitag: 10:00 – 18:00 Uhr

Samstag und Sonntag: 9:00 – 18:00 Uhr

Eintrittspreise:

Erwachsene: 7 Euro

Kinder: 5 Euro

Familien: 17 Euro

Tagesprogramm:

Fütterungen: Pinguine (12 Uhr), Seelöwen (13:30 Uhr), Affen (16 Uhr), Elefanten (16 Uhr)

Ausstellung „Insekten im Boden“ (Insektenhaus)

Vortrag „Koalabären“ (Haupthaus)

Film „Die Geburt der Giraffe Lumi“ (Haupthaus)

- Richtig oder falsch? Kreuze an.

Der Zoo hat am Donnerstag ab 9:00 Uhr geöffnet.	☐ richtig	☐ falsch
Der Eintritt kostet für einen Erwachsenen 7 Euro.	☐ richtig	☐ falsch
Für Opa, Oma und ein Kind lohnt sich die Familienkarte.	☐ richtig	☐ falsch
Am Wochenende hat der Zoo insgesamt 18 Stunden geöffnet.	☐ richtig	☐ falsch
Um 16 Uhr werden die Affen gefüttert.	☐ richtig	☐ falsch
Der Film über eine Giraffengeburt wird im Giraffenhaus gezeigt.	☐ richtig	☐ falsch
Die Pinguine werden um 13:30 Uhr gefüttert.	☐ richtig	☐ falsch
Man kann allen Tierfütterungen nacheinander zusehen.	☐ richtig	☐ falsch
Der Vortrag über Koalabären findet im Haupthaus statt.	☐ richtig	☐ falsch
Einen Film über Insekten kann man im Insektenhaus ansehen.	☐ richtig	☐ falsch

Lies den Schluss der Geschichte auf Seite 37. Überlege, was passiert ist. Male und notiere Stichwörter.

Ein furchtbarer Abend

Luis ist froh, dass seine Eltern wieder zu Hause sind. Er lacht: „Jetzt weiß ich ja, woher die Geräusche kamen. Beim nächsten Mal jagen sie mir keinen Schrecken mehr ein!“

Test 4, S. 55

- Wie oft sind diese Tiere im Bild? Schreibe die Anzahl auf.

- Zeichne witzige Figuren mit deinen Lieblingsbuchstaben.

■ Unterstreiche das Subjekt (Satzgegenstand).

Nikolai freut sich auf die Ferien.

Morgens scheint die Sonne in mein Kinderzimmer.

Auf dem Schulweg bellte mich ein großer Hund an.

Großvater schenkt Großmutter einen Blumenstrauß.

Zum Mittagessen aß der hungrige Junge Nudeln mit Pesto.

Einmal sprang Emma im Schwimmbad vom Fünf-Meter-Brett.

Wanda und Dimitri besuchen ihre Großeltern.

Die Fußballmannschaft feiert den Sieg.

Am Wochenende will Merle auf den Flohmarkt gehen.

Heute Nachmittag geht Franziska in die Bibliothek.

Am Donnerstag geht Jakob zum Gitarrenunterricht.

Unterstreiche das Subjekt (Satzgegenstand).

Johann ist bei seinen Großeltern zu Besuch und hilft ihnen beim Frühjahrsputz.

Zuerst kehrt er die große Treppe vor dem Hauseingang.

Dann hilft Johann seiner Oma, die Gardinen abzuhängen.

Sie müssen in der Waschmaschine gewaschen werden.

Als Nächstes putzen Opa und Johann zwei Fenster.

Danach wischt Opa die Fußböden.

Mittags kommt Johanns Mutter und bringt einen Gemüseauflauf mit.

Eine Pause ist eine tolle Abwechslung!

In Großvaters Werkstatt müssen die Schrauben sortiert werden.

Opa und Johann sortieren sie auf Zeit und wetten um eine Gute-Nacht-Geschichte.

Der Enkel ist schneller und gewinnt.

■ Unterstreiche das Prädikat (Satzaussage).

Es ist Projektwoche in der Waldschule.

Dejan bastelt eine bunte Laterne.

Im Werkraum bauen Tom und Maja ein Vogelhaus aus Holz.

Zwei Mädchen knüpfen Freundschaftsbänder.

Daneben baut Oki aus einem Blumentopf eine Trommel.

Der Schulchor probt im Musikraum.

In der Küche mixt Alisa viele Smoothies für die gemeinsame Pause.

Alle gehen dann auf den Schulhof.

Dort gibt es eine Überraschung.

Zwischen den Bäumen hängen Hängematten.

Daneben stehen Esstische mit Gemüsesticks und Smoothies.

- Unterstreiche das Prädikat (Satzaussage).

Im Schwimmbad wird es eine neue Rutsche geben.

Mein kleiner Bruder schläft gerade ein.

Felix hat seine Hausaufgaben mit schöner Schrift geschrieben.

Schreibst du in mein Freundschaftsbuch hinein?

Der Wochenplan wird am Freitag abgegeben.

Leo räumt sein Zimmer auf.

Schließ bitte endlich die Tür zu!

Ich schenke dir Saft in dein Glas ein.

Gestern fand der Sportunterricht im Park statt.

Wilma ruft ihre Freundin an.

Greta muss über Sascha lachen.

- Ein Apple Crumble ist ein leckeres Apfel-Streusel-Gericht.
  Nummeriere die Schritte in der richtigen Reihenfolge.

Zutaten

5 große Äpfel

90 g brauner Zucker

150 g Mehl

90 g Butter

etwas Zimt

	Gemisch als Streusel über Äpfel streuen
	zuerst Äpfel schälen und in kleine Stücke schneiden
	im Backofen bei 200 Grad 30 Minuten backen
	Tipp: Am besten schmeckt der Apple Crumble warm mit Sahne oder Eis.
	Butter mit Mehl, Zucker und Zimt mischen und kneten
	Apfelstücke in ofenfeste Auflaufform geben
3	Butter klein schneiden

Schreibe das Rezept für den Apple Crumble von Seite 44 in ganzen Sätzen auf.

- Was macht Anoki zu welcher Uhrzeit?
  Lies den Text auf Seite 47 und schreibe die passenden Uhrzeiten unter die Bilder.

Anoki geht in die Schule. Der Unterricht beginnt um 8 Uhr. Die Klasse singt ein Lied und macht Bewegungen dazu. Um 9 Uhr ist Deutschunterricht. Heute schreibt die Klasse Briefe an ihre Partnerklasse in Österreich. Die große Pause beginnt um 10 Uhr. Im Pausenhof malt Anoki mit Kreide ein Hüpfspiel auf den Boden. Im Mathematikunterricht übt Anoki das Einmaleins. Wenn der Klassen-Wecker um 11:30 Uhr klingelt, tauscht Anoki mit Luna das Tablet und macht damit Übungen.

Um 13 Uhr ist Schulschluss. Anoki kommt auf dem Heimweg am Spielpatz vorbei und klettert einmal die Kletterwand hoch. Jetzt ist es schon 13:30 Uhr.

Daheim isst er Pizza und legt sich um 14 Uhr auf sein Bett. Anoki hört Musik und singt mit. Um 14:30 Uhr setzt er sich an seinen Schreibtisch und malt ein Bild für Opa zum Geburtstag. Eine halbe Stunde später überlegt Anoki, was er nun machen könnte. Soll er vielleicht Luna und Emil fragen, ob sie sich gemeinsam draußen am Sportplatz treffen?

Sieh dir das Bild auf Seite 49 an. Plane dazu eine Geschichte und schreibe sie auf.

Einleitung:

Überschrift:

Schluss:

Hauptteil:

Test 5, S. 56

Ikona-Wörter raten

Heute übernachtet Emil bei Anoki.
Vor dem Einschlafen spielen sie Fremdwörter erraten.
Ein Kind muss den Begriff umschreiben, das andere Kind muss raten.
Das gesuchte Wort wird durch Ikona ersetzt. Wer wohl die meisten Wörter errät?

Mein Ikona erklärt die Bedeutung von Wörtern. ____________

Mein Ikona benutzt du für Nachrichten und zum Reden. ____________

Mein Ikona arbeitet mit lebensgefährlichen Tieren. ____________

Mein Ikona ist ein Brett, mit dem man sich fortbewegen kann. ____________

Bei meinem Ikona werden Menschen befragt. ____________

Mein Ikona ist das englische Wort für „herunterladen“. ____________

Mein Ikona bringt dich im Zirkus zum Lachen. ____________

Mein Ikona ist die Tochter meiner Tante. ____________

- Erfinde zu weiteren Wörtern Rätselsätze.

Spaghetti:

Vulkan:

- Setze die Verben in der richtigen Personalform ein.

Heute ________________ (gehen) ich zu meiner Freundin. Sie ________________ (haben) Geburtstag. Es ________________ (geben) Kuchen und wir ________________ (spielen) draußen im Garten. Was ________________ (machen) du an deinem Geburtstag?

- Bilde Adjektive und markiere die Nachsilbe.

der Freund ________________ der Ekel ________________

die Ruhe ________________ die Gefahr ________________

- Ergänze die Tabelle.

Grundform	1. Vergleichsstufe	2. Vergleichsstufe
	schöner	
breit		

/17 ☺ ☺ 😐 ☹ ________________

- Verlängere die Wörter und schreibe sie richtig auf.

der Sa z/tz → die Sä___e → also: [ ]

der Tan z/tz → die ______________ → also: [ ]

das Stü k/ck → die ______________ → also: [ ]

kran k/ck → ______________ → also: [ ]

na s/ss → ______________ → also: [ ]

das Scha f/ff → ______________ → also: [ ]

- b oder p? d oder t? g oder k? Verlängere die Wörter und schreibe sie richtig auf.

Max gi______t im Supermark______ seine Pfan______flasche ab.

Auf der Ber______spitze steht ein Kreuz und eine Ban______.

Im Wal______ bläs______ ein gewaltiger Win______.

Ich bin star______ und muti______.

22 ☺ ☺ 😐 ☹ ______________________________

- Ergänze die Tabelle. Markiere den Wortstamm.

	Gegenwart (Präsens)	einfache Vergangenheit (Präteritum)	zusammengesetzte Vergangenheit (Perfekt)
beginnen	ich	ich	ich
singen	wir	wir	wir

- Wie viele Nomen (Substantive) kannst du mit den Nachsilben –ung, -heit, -keit, -nis, -tum und -schaft bilden? Schreibe sie mit dem Artikel (Begleiter) auf.

eigen	erleben	wandern	gleich

19

Ersetze die unterstrichenen Wörter durch passende Pronomen (Fürwörter).

Du hast Hunger. Lass es ________________ schmecken.

Die Hasen fressen. ________________ mögen Gras.

Ich schwitze. ________________ ist heiß.

Wir lachen laut. Hörst du ________________?

In dem Text sind 4 Fehler. Schreibe die Wörter richtig auf und erkläre die Schreibweise.

Am Abent liest mir mein Vater eine spannende Geschichte vor.

nachts im Traum habe ich Superkrefte und rete meine Freunde.

12

■ Unterstreiche das Subjekt.

Nachmittags gehen Sihem und Ivan in den Park.

Dort sehen sie viele Eichhörnchen.

Die Eichhörnchen sind zutraulich.

Deshalb füttern einige Kinder den Tieren Haselnüsse.

■ Unterstreiche das Prädikat.

Die Schule ist aus. Alle Kinder gehen nach Hause.

Jannis fährt Roller. Frau Blum holt Patrick mit dem Auto ab.

Die beiden Jungen werden sich später noch treffen.

Sie wollen zusammen Hausaufgaben machen.

10